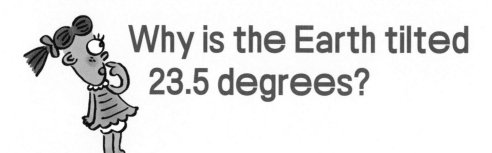

Why is the Earth tilted 23.5 degrees?

Humans have a huge friend. Nobody is bigger than this friend.

This friend likes to help people. She gives us food and water. Sometimes she calms our mind with the sound of rain, and lets us have fun in the white snow. When it's hot, she can fan a cool breeze. Wherever we are, she always follows, helps, and plays with us.

Nobody likes to be angry. So we shouldn't upset our friend. If so, she is going to embarrass us and make us suffer. No one can stop her when she is mad. It's no use calling our mom, dad, grandma, grandpa, teacher or the president.

We can recognize this friend even from a distance. It's because she is always standing tilted. But don't make fun of her by saying that she looks bad or that one of her legs is short. Everything has its reason. She is always in a position to play with us and help us. Like we bend our backs a little bit and clench our fists before we go to running.

She really cares about us and loves us. If anyone has ever seen this friend get angry, don't be afraid. True friendship is a very precious thing that we can't meet often in our life.

Let me introduce this friend now. But you don't have to mimic her slanted posture. It will only hinder your growth.

In the Text

1. Ancient people who lived 2,300 years ago knew that the earth was tilted.

2. Seasons happen because of the Earth's tilted axis

3. The tilted earth makes the wind, and the wind makes the sea water move

4. The tilt of the earth makes the earth move up and down

5. Earth tilted by 23.5 degrees makes a miracle

지구는 왜 23.5도 기울어졌을까?

과학생각 04

지구는 왜 23.5도 기울어졌을까?

Why is the Earth tilted 23.5 degrees?

1판 1쇄 | 2022년 8월 17일
1판 3쇄 | 2025년 1월 15일

글 | 이영란
그림 | 이리

펴낸이 | 박현진
펴낸곳 | (주)풀과바람
주소 | 경기도 파주시 회동길 329(서패동, 파주출판도시)
전화 | 031) 955-9655~6
팩스 | 031) 955-9657
출판등록 | 2000년 4월 24일 제20-328호
블로그 | blog.naver.com/grassandwind
이메일 | grassandwind@hanmail.net

편집 | 스튜디오 플롯
디자인 | 박기준
마케팅 | 이승민

ⓒ 글 이영란 · 그림 이리, 2022

값 13,000원
ISBN 978-89-8389-076-4 73440

※ 잘못 만들어진 책은 구입처에서 바꾸어 드립니다.

		주의
제품명 지구는 왜 23.5도 기울어졌을까? | **제조자명** (주)풀과바람 | **제조국명** 대한민국		⚠ 주의
전화번호 031)955-9655~6 | **주소** 경기도 파주시 회동길 329		어린이가 책 모서리에
제조년월 2025년 1월 15일 | **사용 연령** 8세 이상		다치지 않게 주의하세요.
KC마크는 이 제품이 공통안전기준에 적합하였음을 의미합니다.		

지구는 왜 23.5도 기울어졌을까?

이영란 글 · 이리 그림

풀과바람

머리글

　인간에게는 덩치가 아주 큰 친구가 있어요. 그 누구도 이 친구보다 더 클 수는 없어요.

　이 친구는 사람을 돕는 것을 좋아해요. 먹을 것도 주고, 물도 주지요. 이따금 빗소리로 마음을 차분하게 해 주고, 하얀 눈 속에서 신나게 놀게도 해 줘요. 더울 땐 시원한 바람이 일도록 부채질도 해 주지요. 여러분이 어디에 있든 항상 함께 있고요.

　화난 것을 좋아하는 사람은 없을 거예요. 이 친구도 마찬가지예요. 그러니 절대 화나게 하면 안 돼요. 이 친구가 화를 내면 우리 모두 힘들어질 테니까요. 화가 머리끝까지 나면 아무도 말릴 수가 없어요. 엄마, 아빠, 할머니, 할아버지, 선생님, 대통령을 불러와도 소용없어요.

　이 친구는 멀리서 봐도 한눈에 알아볼 수 있어요. 늘 삐딱하게 서 있기 때문이지요. 그렇다고 불량스럽게 보인다는 둥 한쪽 다리가 짧은 거 아니냐는 둥 오해하지 마세요. 다 이유가 있으니까요. 언제든 여러분을 도와주고, 함께 놀기 위해 자세를 잡은 거예요. 여러분도 달리기 전에 허리를 살짝 숙이고 주먹을 쥐잖아요.

　혹시라도 이 친구가 화내는 것을 본 사람이 있나요? 아마 무섭기도 하고, 짜증이 났을 테지요. 그렇다고 해서 절교하겠다는 마음만은 먹지 마세요. 이 친구는 정말 여러분을 아끼고 좋아해요. 진정한 우정은 평생에 한 번 만날까 말까 한, 매우 소중한 것이랍니다.

　지금부터 이 친구를 소개할게요. 친구 따라 강남 간다고 비스듬히 서 있는 자세는 따라 하지 마세요. 그건 여러분의 키 성장에 방해만 될 뿐이니까요.

이영란

차례

01 2,300년 전 고대인들, 지구가 기울었다는 것을 알다

달력이 없던 시절, 고대인들은 하늘에 떠 있는 별과 달, 태양을 보며 날과 시간을 기록했어요. 이집트인들은 태양을 보고 오늘날과 비슷한 달력을 만들었고, 메소포타미아인들은 밤하늘을 보며 별자리와 월식 그리고 수성, 금성, 화성, 목성, 토성이 있다는 것도 알아냈지요.

3,000년쯤 흘러 지구가 얼마나 기울었는지 알아내는 건 그리 어려운 일은 아니었을 거예요.

막대 그림자 하나로 알아낸 지구의 기울기

그리스의 식민지였던 마살리아에는 커다란 기둥이 하나 서 있었어요. 시계로 쓰던 그노몬이지요. 고대 바빌로니아와 이집트에서도 그노몬을 사용하고 있었지요. 이집트의 신전 앞에 태양을 숭배하기 위해 세워졌던 오벨리스크가 바로 그노몬이랍니다.

피테아스는 그노몬 주변에 커다란 원을 그려 놓았어요. 지구를 대신해서 말이지요. 그는 해가 가장 높이 뜨는 하지에 오벨리스크의 그림자 길이를 재 두었어요. 그리고 낮과 밤의 길이가 똑같아지는 추분(춘분)이 되자, 또다시 오벨리스크 그림자의 길이를 재었지요.

태양 빛이 곧장 지구로 향하므로 지구가 기울지 않았다면 하지의 그림자와 추분의 그림자 길이가 같아야 했어요. 하지만 하지의 그림자는 짧았고, 추분의 그림자는 길었지요. 피테아스는 이 실험을 통해 지구가 기울었다는 것을 확신했어요.

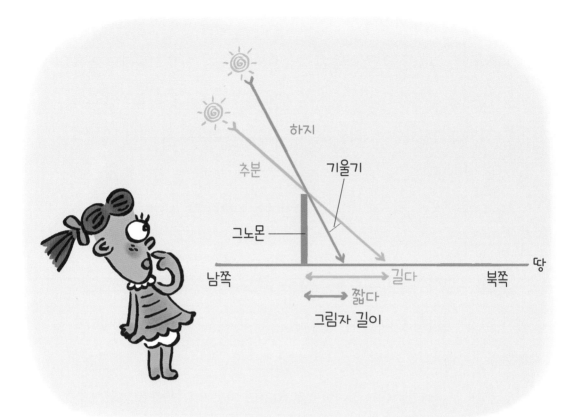

피테아스가 측정한 23.5°

피테아스는 그노몬 주변 바닥에 그려진 원의 중심과 각 그림자의 끝을 연결시켰어요. 그러자 크기가 다른 두 개의 케이크 조각 같은 모양이 그려졌고, 하지의 그림자와 추분의 그림자 사이의 각도만큼 지구가 기울었다는 것을 알아챘어요. 360°의 원 안에 그 각도의 케이크를 열다섯 개 그리고 아주 작은 조각 하나를 넣을 수 있었어요. 이런 식으로 계산한 결과가 23.51°였어요.

실제로 지구의 기울기는 고정된 게 아니에요. 약 4만 년을 주기로 21.5°에서 24.5° 사이를 왔다 갔다 하지요. 현재 지구는 23.44° 기울어졌다고 해요.

오로지 그노몬 그림자의 길이만으로 지구의 기울기를 거의 정확하게 측정하다니 참으로 놀라울 따름이에요.

해가 가장 높이 뜨는 하지의
그림자 끝을 원의 중심과 연결
= 하지 케이크

낮과 밤의 길이가
똑같아지는 추분의 그림자
끝을 원의 중심과 연결
= 추분 케이크

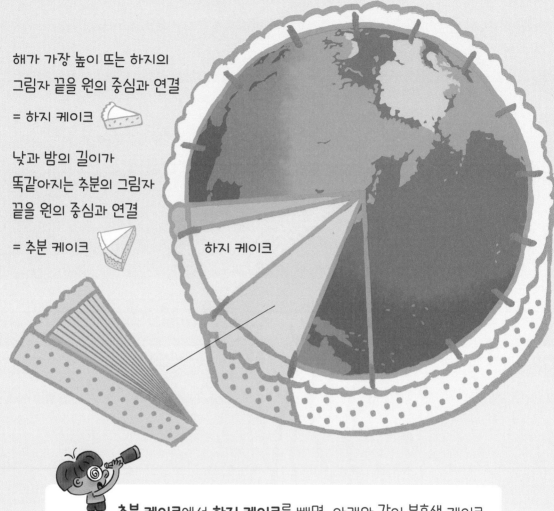

하지 케이크

추분 케이크에서 **하지 케이크**를 빼면, 아래와 같이 분홍색 케이크
가 남아요.

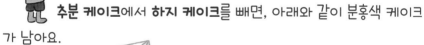

- 지구에는 가 15개 + 가 1개 들어가요.

- 에는 가 11개 들어가요.

- 360° 원 안에는 가 모두 166개 들어가요.

피테아스는 누구일까?

피테아스는 기원전 4세기에 활약했던 그리스의 지리학자이자 탐험가예요. 오늘날 프랑스의 마르세유에서 태어났는데, 마르세유는 당시 그리스의 식민지로 마살리아라고 불렸어요.

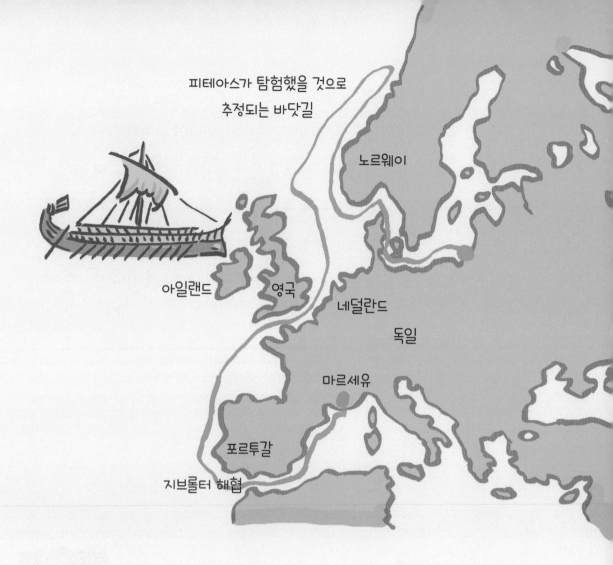

피테아스가 탐험했을 것으로
추정되는 바닷길

노르웨이

아일랜드   영국

네덜란드

독일

마르세유

포르투갈

지브롤터 해협

　　피테아스는 기원전 325년경, 배를 타고 마살리아의 북쪽으로 올라가
영국을 탐험했어요. 북유럽 일대와 얼음으로 뒤덮인 그린란드 근처까지
항해했지요. 요즘과 같은 튼튼한 배가 아닌, 노를 저어서 움직이는 배를
타고 북극 가까이 가다니 참으로 대단한 용기였어요. 피테아스는 이 탐험
으로 지구가 둥글다는 사실을 확인했답니다.

지구가 둥근 건 당연한 거 아냐?

아주 오랜 옛날, 사람들은 눈에 보이는 곳을 벗어나면 낭떠러지가 있다고 생각했어요. 그 밑으로 떨어지면 영영 살아 돌아오지 못한다고 여겼지요. 그래서 먼바다로 나갈 생각은 못하고 육지가 보이는 바다에서만 항해했어요. 또 적도의 위쪽인 북반구에 사는 사람들은 해가 서쪽으로 넘어가기 때문에 서쪽으로 가면 뜨거운 태양에 타 죽을 거라고 믿었답니다.

어떻게 지구의 기울기를 측정할 수 있었을까?

피테아스가 지구가 기울었다는 사실을 알 수 있었던 건 우주와 지구가 둥글다고 믿었기 때문이에요. 그 믿음 하나로 지브롤터 해협을 지나 포르투갈 해안을 따라 북쪽으로 항해했던 것이지요.

피테아스는 얼어붙은 바다를 만났어요. 그곳은 극지방에 가까운 곳으로 밤에도 해가 지지 않았어요. 피테아스는 그곳에 사는 사람들이 '태양이 쉬는 곳'을 보여 주었다고 했지요. 극지방에서 하지 때 해가 저물지 않는 백야 현상을 본 거예요. 피테아스는 이런 현상이 일어난 까닭을 지구가 기울어져 있기 때문이라고 생각했어요. 그러고는 그곳의 위도를 측정했지요. 그곳은 64° 32′와 65° 31′이었어요.

피테아스는 고향으로 돌아와 자신이 본 것들을 말했어요. 하지만 사람들은 믿지 않았어요. 위도가 45° 넘는 곳에서는 사람이 살 수 없다며 피테아스를 거짓말쟁이 취급했어요.

피테아스는 자신이 보고 믿게 된 것을 증명하고 싶었어요. 또한, 계절마다 태양의 고도가 다른 것도 지구가 기울었기 때문이라고 믿었지요. 여름과 봄에 달라지는 태양 고도의 차이만큼 지구가 기울었다고 생각한 거랍니다.

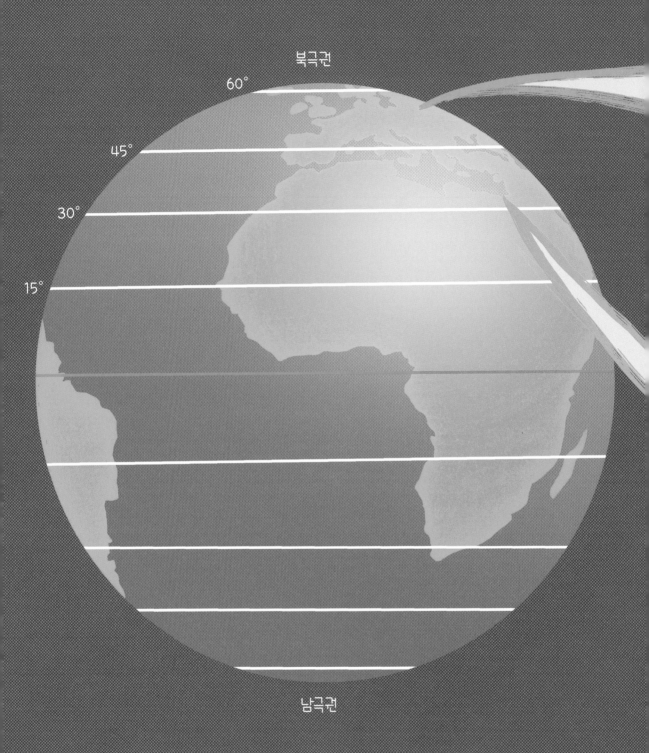

이곳은 백야가 생기는 지역이야.
백야는 한여름에 지평선보다 조금
아래까지 내려가기 때문에 밤에도
밝아.(핀란드, 노르웨이)

아냐, 내가 분명
똑똑히 봤다고!

그곳에는 절대 사람이 살 수 없어!
이 거짓말쟁이야!

피테아스의 위도 측정

피테아스는 최초로 위도를 측정했어요. 이 또한 지구가 둥글기 때문에 가능했어요.

원의 겉면 어느 지점이든 원의 중심과 연결하면 그 연결선의 길이는 항상 똑같아요. 길이는 변화가 없기 때문에 각도만 알아내면 위치를 알 수 있지요.

피테아스는 일 년 중, 해가 가장 긴 날인 하지의 정오에 마살리아에서 그노몬의 그림자 길이를 측정했어요. 그리고 그노몬과 그림자의 끝을 연결해 가상의 직각 삼각형을 만들어 마살리아의 위도인 43° 13′을 알아냈어요. 현재 마르세유의 위도인 43° 17′과 4′밖에 차이가 나지 않아요.

위도는 지구의 중심을 선으로 연결한 적도를 기준으로, 북쪽 또는 남쪽으로 떨어져 있는 정도를 말해요. 적도를 0°라 했을 때 남극과 북극은 각각 90°예요. 따라서 위도는 90°를 넘지 못해요. 남극과 북극은 지구의 끝이니까요.

🌀 태양 고도 측정 방법

❶ 길이 10cm 정도의
수수깡 한쪽 끝에 실을 붙여요.

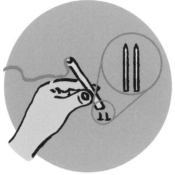

❷ 바늘을 이용해 수수깡을
바닥면에 수직으로 고정해요.

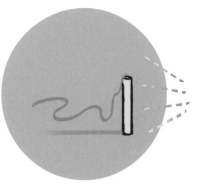

❸ 실을 붙인 수수깡을 햇빛이
잘 비치는 평평한 곳에 놓아요.

❹ 수수깡의 그림자를 표시하고
그림자의 길이를 측정해요.

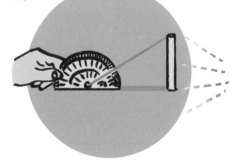

❺ 그림자의 끝과 실이 이루는 각이
바로 태양 고도예요.

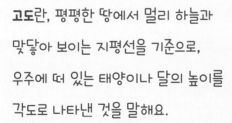

고도란, 평평한 땅에서 멀리 하늘과
맞닿아 보이는 지평선을 기준으로,
우주에 떠 있는 태양이나 달의 높이를
각도로 나타낸 것을 말해요.

지구가 둥글다는 건 어떻게 알 수 있었을까?

피테아스가 살던 당시 그리스의 지식인들은 이미 지구가 둥글다는 것을 알고 있었어요. 피테아스보다 200년 정도 먼저 태어나 활동했던 수학자 피타고라스는 지구와 우주가 모두 둥글다는 것을 최초로 기록했어요. 나이는 더 많지만, 피타고라스와 비슷한 시기에 활동했던 아리스토텔레스도 지구가 둥글다고 주장했지요.

과학을 잘 몰랐던 고대 사람들은 월식을 보고 지구가 둥글다고 짐작했어요. 월식은 태양-지구-달이 나란히 늘어섰을 때 지구의 그림자에 달이

가려지는 현상이에요. 즉, 달에 비친 지구의 그림자를 보고 지구의 모양을 추측한 것이지요.

실제로, 바다로 나갔던 배가 항구로 들어올 때 돛이 먼저 보이고 차츰 배의 모습이 보여요. 반대로 배가 떠나갈 때는 돛대가 마지막으로 사라지지요. 만일 지구가 평평하다면 배가 멀리 가더라도 크기만 작게 보일 뿐 온전한 배의 모습이 보일 거예요.

02 기울어진 지구에 계절이 생기다

나무는 때가 되면 가지마다 새싹을 틔워요. 꽃을 피우고, 나뭇잎이 무성
해지다가 차츰 시들면서 하나둘 떨어져요. 그러다가 앙상한 가지만 남지
요. 이렇듯 자연은 규칙적인 변화를 일으키는데, 이에 따라 일 년을 구분한
것을 '계절'이라고 해요. 계절은 지역에 따라 다른데, 크게 봄·여름·가을·겨
울, 네 계절로 나뉜답니다.

그노몬으로 계절을 알아내는 방법

고대 사람들은 땅에 우뚝 세운 그노몬의 그림자 길이를 측정해 계절도 알아냈어요.

한낮에 그림자가 짧을 때는 여름이에요. 태양의 고도가 높아서 낮의 길이도 길지요. 낮 동안 태양열이 집중되어 날씨가 더워요. 태양의 고도는 그노몬의 끝과 그림자의 끝을 연결하여 각도를 재면 알 수 있어요.

봄과 가을에는 그노몬 그림자의 길이가 길어요. 이때는 태양의 고도가 낮다는 것을 알 수 있지요. 겨울에는 봄과 가을보다 그림자의 길이가 더 길고, 태양의 고도는 더 낮아요. 고도가 낮을수록 태양열이 흩어져서 날씨가 춥답니다.

계절을 모르고 살아도 되지 않을까?

고대 이집트인들은 태양의 움직임을 자세히 살폈어요. 나일강의 물이 언제 흘러넘치는지 알아야 했기 때문이에요. 나일강은 매년 같은 시기에 많은 비가 내려서 강물이 흘러넘쳤어요. 이렇게 홍수가 일어나면 강 주변은 농사짓기에 아주 좋은 땅이 돼요.

나일강은 6월부터 물이 많아지는데 9월이 되면 수위가 최고가 돼요. 이때 강물이 범람하면서 에티오피아고원에서 쓸려 온 검은 흙이 온 땅을 뒤덮어요. 영양분이 가득한 이 흙에 씨앗을 뿌리면 농작물이 잘 자라 5월에 추수할 수 있지요.

한편, 씨앗을 뿌린 후에 강물이 넘치면 농사를 망쳐요. 농작물이 물에 잠겨서 썩거나, 병충해가 생기기 때문이에요. 강물이 범람하는 시기를 피해 씨를 뿌려야 잘 자란 농작물을 거둘 수 있었어요.

이집트인들은 많은 비가 내리는 시기를 알기 위해 달력을 만들었어요. 한 달은 30일, 일 년은 열두 달로 나누었어요. 이 달력에 따르면, 이집트에는 세 번의 계절이 있어요. '아케트', '페레트', '셰무'가 바로 그것이지요.

메소포타미아인들은 일식과 월식을 불길한 징조로 여겼어요. 그래서 언제 일식과 월식이 생기는지 정확하게 알려고 했어요.

고대 이집트의 계절

'아케트'는 오늘날로 치면 6~9월로, 홍수의 계절이에요. '페레트'는 10~1월로, 넘쳤던 나일강 물이 빠지면서 땅이 새 흙으로 덮이는 시기예요. 땅에 씨앗을 뿌리면 싹이 쑥쑥 자라는 계절이지요. '셰무'는 2~5월이에요. 태양신의 축복을 받으며 농작물을 수확하는 계절이에요.

요즘에는 기술이 발달해서 먹을거리를 일 년 내내 생산할 수 있어요. 하지만 옛날에는 자연에 맡길 수밖에 없었어요. 씨앗이 잘 자랄 수 있는 기름진 땅이 있어도 홍수가 나거나, 가뭄이 들면 농사를 망쳤으니까요. 이런 문제는 이집트뿐만 아니라 세계 어느 곳이든 마찬가지였어요. 배불리 먹기 위해 풍성한 농작물을 수확하려면 계절에 맞춰 농사를 지어야 했답니다.

홍수가 언제 일어나는지 알아야 해.

고대 이집트의 계절	계절별 특징
아케트	범람기(6~9월) 나일강이 범람해 강 주변의 넓은 지역에서 홍수가 발생하는 시기예요.
페레트	파종기(10~1월) 강물에 쓸려 내려온 비옥한 검은 흙이 땅에 쌓여 농작물이 잘 자라요. 이집트인들은 이때 씨를 뿌려 농사를 시작했어요.
셰무	수확기(2~5월) 잘 자란 농작물을 거둬들이는 시기예요.

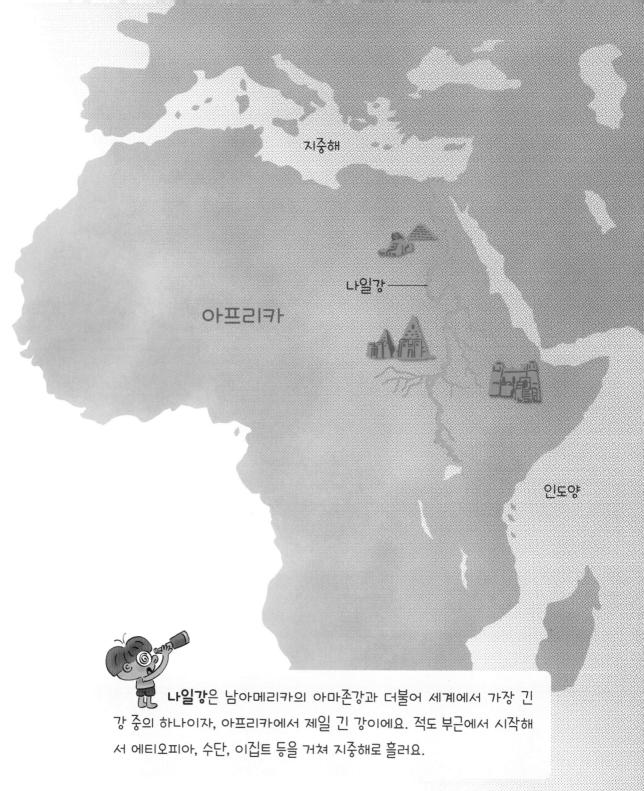

지중해

나일강 ————

아프리카

인도양

나일강은 남아메리카의 아마존강과 더불어 세계에서 가장 긴 강 중의 하나이자, 아프리카에서 제일 긴 강이에요. 적도 부근에서 시작해서 에티오피아, 수단, 이집트 등을 거쳐 지중해로 흘러요.

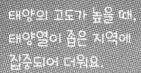
태양의 고도가 높을 때,
태양열이 좁은 지역에
집중되어 더워요.

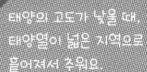
태양의 고도가 낮을 때,
태양열이 넓은 지역으로
흩어져서 추워요.

계절과 지구의 기울기는 어떤 관련이 있을까?

지구는 자전축을 중심으로 혼자 돌기도 하지만, 태양을 중심으로 돌기도 해요. 이것을 '자전'과 '공전'이라고 해요. 지구는 자전하는 동시에 공전해요. 자전축을 중심으로 한 바퀴 도는 데는 하루가 걸리고, 태양 주위를 도는 데는 일 년이 걸리지요. 자전과 공전 때문에 하루는 낮과 밤으로 나뉘고, 우리는 일 년 동안 계절의 변화를 겪어요.

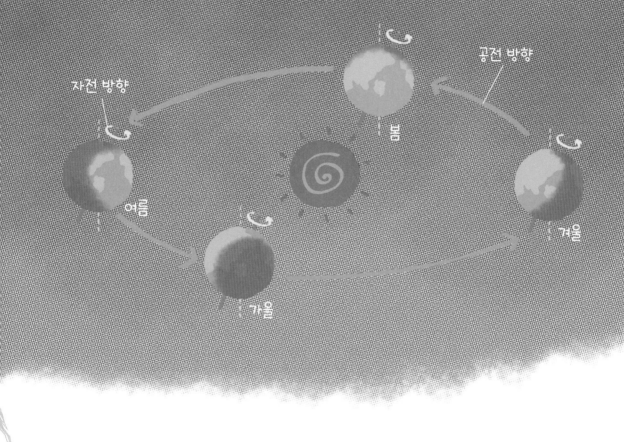

만일 지구가 기울어지지 않은 채로 공전한다면, 계절의 변화가 없어서
더운 곳은 늘 덥고 추운 곳은 계속 추울 거예요. 태양의 고도가 변하지
않으면 언제나 똑같은 양의 태양열을 받을 테니까요.

지구가 기울어져 있기 때문에 태양의 고도가 달라지고, 고도에 따라 태
양 빛을 얼마나 많이 그리고 오랫동안 받는지가 달라져요. 이런 차이로 계
절의 변화가 생기는 거랍니다.

위도마다 계절이 다른 이유는 뭘까?

위도마다 계절이 다른 이유는 지구가 둥글기 때문이에요. 그리고 위치에 따라 태양의 고도가 달라지기 때문이지요. 극지방으로 갈수록 태양의 고도가 낮아지고, 적도 부근에서는 태양의 고도가 높아요. 즉, 극지방에서는 태양열을 비스듬히 받고, 적도 부근에서는 태양열을 거의 일직선으로 받게 된다는 뜻이에요.

간단하게 손전등으로 실험해 볼 수 있어요. 손전등을 위에서 비추는 각도에 따라 바닥에 흩어지는 빛을 비교해 보세요. 손전등을 위에서 똑바로 비춘 것과 비스듬히 비춘 것을 비교해 보면, 바닥에 빛이 모이는 면적과 그 밝기가 각기 다르답니다.

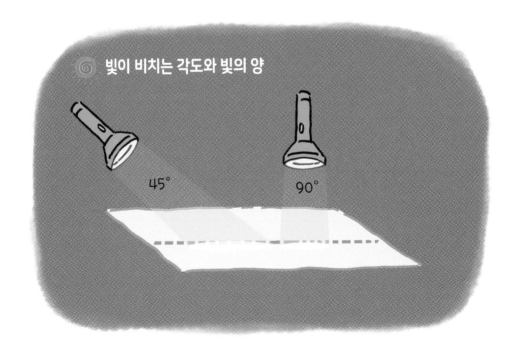

빛이 비치는 각도와 빛의 양

45°   90°

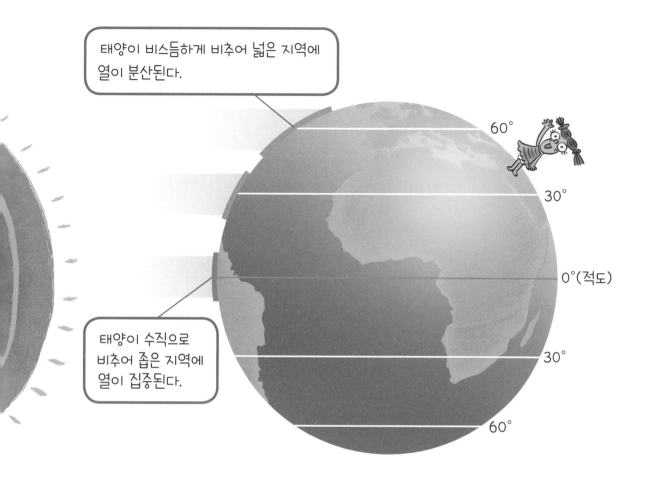

실험에서 알 수 있듯이 고도가 낮은 극지방은 태양열을 적게 받아서 일 년 내내 추워요. 적도 부근에서는 태양열을 집중적으로 받기 때문에 일 년 내내 덥지요.

이런 극지방과 적도에도 계절이 있어요. 지구가 기울어져 있기 때문이지요. 극지방인 북극과 남극은 사방이 눈과 얼음으로 덮여 있기는 해도 봄·여름·가을·겨울의 사계절이 있어요. 또 적도에는 항상 여름만 있는 것 같지만, 건기와 우기가 있답니다.

하나둘 모여드는 극지방의 봄

남극과 북극은 지구의 양 끝에 있어서 계절이 서로 반대예요. 남극이 여름이면, 북극은 겨울이지요.

극지방의 봄과 가을은 아주 짧아요. 북극에 봄이 오면 겨우내 얼었던 바다가 조금씩 녹으면서 따뜻해져요. 북극 빙하의 남쪽 끝자락 부근에서 활동하던 하프물범이 새끼를 낳기 위해 돌아와요. 혹등고래는 적도의 따뜻한 바다에서 새끼를 낳고는 새 식구를 데리고 북극으로 돌아오지요.

북극과 남극은 모두 눈과 얼음으로 덮여 있지만, 북극을 뒤덮고 있는 얼음 아래는 바다예요. 반면 남극은 땅이지요. 다시 말해 북극은 바다이고, 남극은 우리가 사는 곳처럼 대륙이랍니다.

남극에서는 아델리펭귄이 얼지 않은 물에서 물고기나 낙지 등을 잡아먹으며 지내다가 새끼를 낳기 위해 돌아와요. 수컷이 먼저 와서 돌로 둥지를 짓고는 암컷을 맞이한답니다.

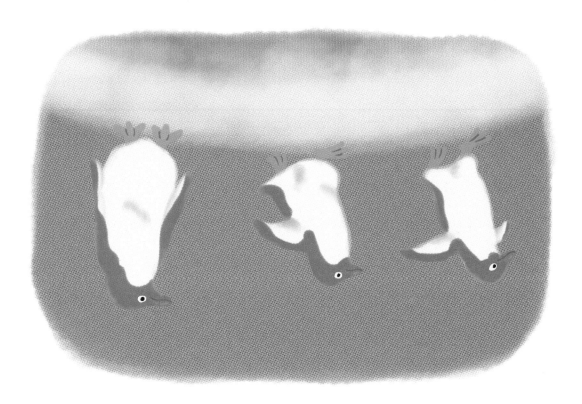

낮이냐 밤이냐, 북극과 남극의 여름과 겨울

북극과 남극은 여름이 되면 해가 지지 않는 백야 현상이 일어나요. '백야'는 한여름에 태양이 지평선 아래로 내려가지 않는 현상이에요. 다시 말해, 밤에도 줄곧 해가 떠 있다는 뜻이지요. 북극에서는 하지 무렵에, 남극에서는 동지 무렵에 백야 현상이 일어나요. 길게는 6개월 동안 지속되기도 해요.

겨울이 되면 극야가 시작돼요. '극야'란, 해가 지지 않는 백야와 반대로 해가 뜨지 않는 현상을 말해요. 북극에서는 동지 무렵에, 남반구에서는 하지 무렵에 극야가 일어나요.

백야와 극야 현상은 극지방뿐만 아니라 위도가 48°가 넘어가는 다른 지역에서도 볼 수 있어요. 러시아, 아이슬란드, 노르웨이, 스웨덴, 덴마크에서도 백야와 극야 현상이 일어나지요. 백야와 극야 현상은 지구가 기울어져 있기 때문에 생기는 현상이에요. 해가 비치는 자전축의 양 끝이 낮이나 밤에 항상 햇빛을 받게 되기 때문이에요.

겨울 동안 북극의 기온은 영하 10~18℃ 정도예요. 남극은 북극보다 훨씬 추운데, 영하 89℃ 정도지요. 북극의 여름 기온은 평균적으로 영상 10℃이고, 남극은 가장 따뜻했던 날의 기온이 영상 9℃였어요. 하지만 지구의 온난화 때문에 기온이 올라 북극과 남극의 빙하가 빠른 속도로 녹고 있어요.

• **인기 애니메이션 〈뽀롱뽀롱 뽀로로〉**에서 펭귄 뽀로로와 친구인 북극곰 포비는 실제로 함께 살 수 없어요. 펭귄은 남극에 살고, 북극곰은 북극에서 사니까요.

• **북극여우**는 계절이 바뀔 때마다 털 색깔이 바뀌어요. 여름에는 짙은 회갈색, 겨울에는 하얀색 털이 된답니다.

적도를 중심으로 위쪽을 **북반구**, 아래쪽을 **남반구**라고 해요.

태양이 이글이글 타오르는 적도의 계절

적도 부근에서는 태양이 머무르는 시간이 길어요. 태양이 적도를 사이에 두고 남과 북으로 위도가 23.27°인 남회귀선과 북회귀선을 오르락내리락할 뿐이어서 일 년 내내 덥지요. 적도에 걸쳐 있는 '가봉'이라는 나라는 일 년 내내 기온이 30~35℃예요.

백야와 극야 현상이 나타나는 극지방과 달리 적도에서는 일 년 내내 낮과 밤의 길이가 같아요. 위도가 0°인 적도보다 북쪽으로 1.5° 위에 있는

북회귀선

적도(0°)

남회귀선

싱가포르는 동지 무렵에 낮이 12시간 3분으로, 밤보다 3분이 더 길 뿐이지요.

북회귀선과 남회귀선 사이에 있는 인도와 대부분의 아프리카, 동남아시아 그리고 일부 남아메리카 국가들에는 건기와 우기가 있어요. 건기는 말 그대로 비가 거의 오지 않는 기간을 말하고, 우기는 일 년 중 비가 많이 내리는 시기를 뜻한답니다.

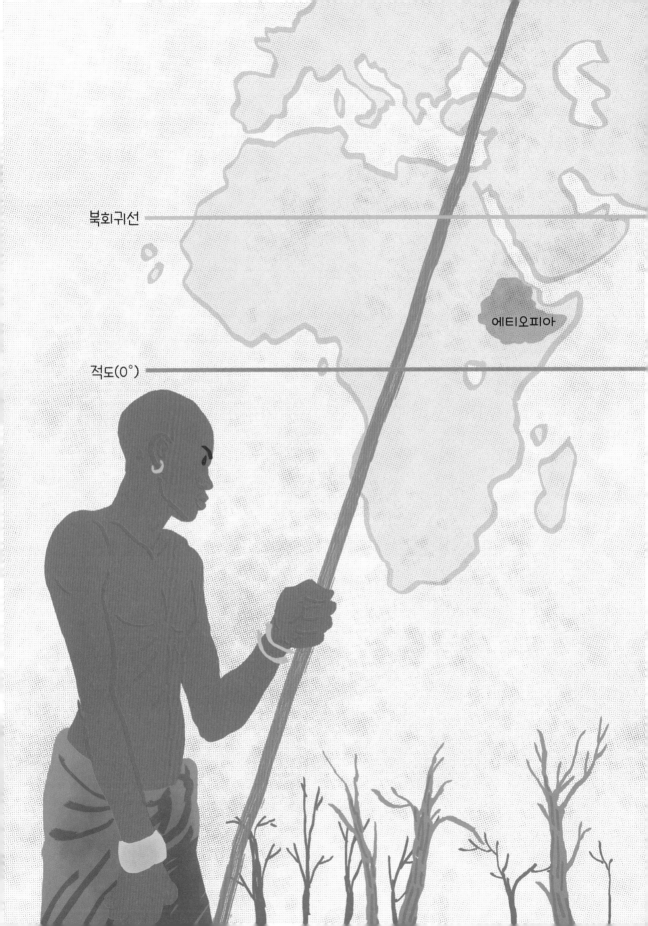

북회귀선

에티오피아

적도(0°)

비가 오고 안 오고, 건기와 우기

그리스어로 '햇볕에 그을린 남자들의 땅'이라는 뜻인 에티오피아는 적도와 북회귀선 사이에 있어요. 이곳의 계절은 4기로 구분되는데, 건기와 우기가 번갈아서 오지요. 4~5월과 10~1월은 건기, 6~9월과 2~3월은 우기예요.

화창한 날씨가 지속되는 건기에는 호수나 강이 메말라요. 바람이 불면 흙먼지가 날릴 정도지요. 건기 때 뜨거운 열기로 수증기가 되어 증발된 호수와 강의 물은 우기 때 거대한 비구름이 돼요.

우기가 되면 먼지가 가득했던 땅이 늪지대로 변해요. 이 시기에는 비가 오후 3~6시쯤 잠깐 쏟아지는데, 건기 때보다 물이 네 배나 불어나지요.

최근에는 이상 기후로 우기에도 비가 오지 않아 심각한 가뭄이 들기도 해요.

제발 비야 내려라!

에티오피아의 오모 강변에 사는 카로족은 건기에 기우제를 지내요. 비가 와서 강물이 불어나면 물고기를 많이 잡을 수 있고, 염소들이 새끼를 잘 낳아서 재산이 늘기 때문이지요.

기우제를 지내려면 염소를 잡아야 해요. 염소의 배 속에 있는 내장을 살펴야 하거든요. 구불구불한 염소 내장은 강을 뜻하는데, 내장에 윤기가 흐르고 상한 곳이 없으면 좋은 징조로 여겨요. 만약 내장에 작은 찌꺼기라도 있으면 새가 농작물을 해친다는 뜻으로 주의해야 한다고 여기지요.

재물로 쓰인 염소는 마을 사람들이 사이좋게 나눠 먹어요. 한 점도 남기지 않고 다 먹어야 한다고 해요. 그래야 좋은 일이 생긴다고 믿기 때문이랍니다.

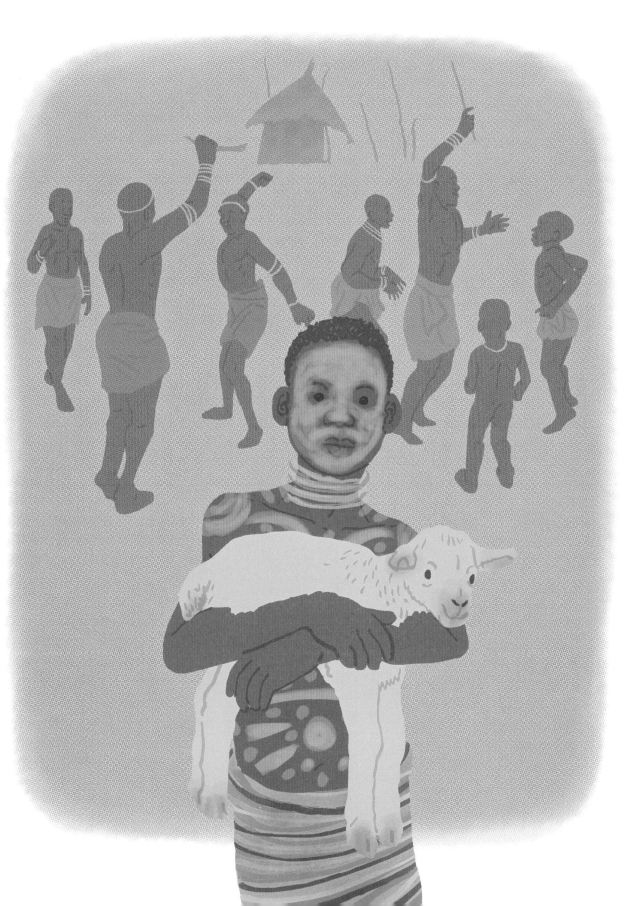

03 기울어진 지구, 바람을 일으켜 바닷물을 움직이다

지구는 기울어져 있기 때문에 위도마다 온도가 달라요. 온도에 따라 공기의 움직임도 달라져요. 온도가 높은 곳의 공기는 흐름이 활발해지면서 위쪽으로 올라가려고 해요. 또, 찬 공기가 그 빈자리를 채우기 위해 움직이지요. 이때 바람이 생긴답니다. 바람은 바다에 물결을 일으켜 파도를 만들거나, 소용돌이를 만들기도 해요.

바닷물을 움직이게 하는 무역풍과 편서풍

적도 부근에서는 바람이 언제나 거의 같은 방향으로 불어요. 동쪽에서 서쪽으로 부는 무역풍이 불지요.

바람이 불면 바람의 방향에 따라 해수면의 물이 움직여요. 그리고 지구의 자전 때문에 조금 더 오른쪽으로 쏠리게 되지요. 오른쪽으로 쏠린 바닷물은 바로 밑의 바닷물을 움직여요. 이때 아래쪽의 바닷물도 오른쪽으로 쏠려요. 계속해서 바로 밑의 바닷물이 오른쪽으로 쏠려 나가게 되므

바람의 방향

바닷물은 전체적으로
오른쪽으로 90°로
이동해요.

로, 전체적으로는 바람이 부는 방향에서 90° 방향으로 흘러가게 돼요.

무역풍이 부는 곳보다 더 위쪽인 중위도 지역에서는 동쪽에서 서쪽으로 편서풍이 불어요. 바람이 따로따로 부는 것 같지만 지구가 기울어 자전하기 때문에 하나로 연결되어 있어요. 즉, 바람은 지구를 빙글빙글 돌며 바닷물을 일정한 방향과 속도로 움직이게 해요. 이러한 바닷물의 흐름을 '해류'라고 하지요.

남반구에서도 무역풍과 편서풍이 불어요. 다만 북반구와 반대로 불기 때문에 해류도 반대로 이동한답니다.

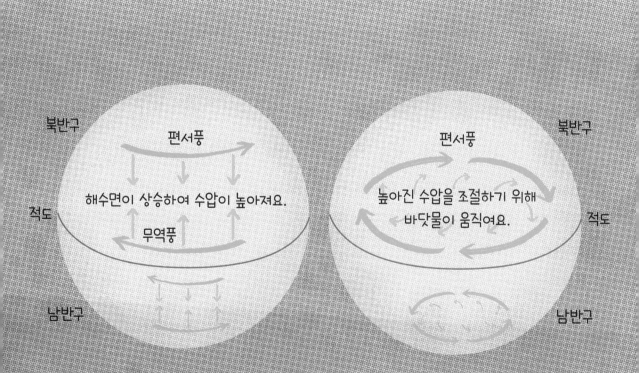

바닷가 바로 옆에 사막이?

남아메리카 페루의 안데스산맥에서 불어오는 바람은 따뜻한 바닷물을 적도 방향으로 밀어내고, 차가운 바닷물이 솟아오르게 해요. 남반구에 부는 무역풍으로 바닷물이 왼쪽으로 쓸려 나가 90° 방향으로 흐르지요. 그래서 적도보다 아래쪽으로 흐르던 바닷물이 육지에서 파도를 일으키며 적도 방향으로 흐르는 거예요.

이렇게 남극에서 시작해서 페루 해안을 거쳐 적도 방향으로 흐르는 해류를 '훔볼트 해류'라고 해요. 출발점이 남극이기 때문에 바닷물이 차가워요. 이를 '한류'라고 해요. 반대로 바닷물의 온도가 높아서 따뜻한 해류는 '난류'라고 하지요.

훔볼트 해류가 지나가는 페루의 해안선에는 아타카마 사막이 있어요. 바다에서 습한 바람이 불어와 비가 내린다면 사막이 있을 리 없는데 이상하지요? 바로 그 이유는 태평양을 건너오는 사이에 습기를 잔뜩 머금은 바람이 차가운 훔볼트 해류와 만나 구름을 만들고 바다에 비를 다 쏟아내기 때문이에요. 당연히 육지에는 비가 내리지 않지요. 아타카마 사막은 지구의 기울기로 무역풍과 편서풍이 서로 꼬리를 물듯이 부는 사이 해류가 일정한 방향으로 흘러서 생긴 거예요.

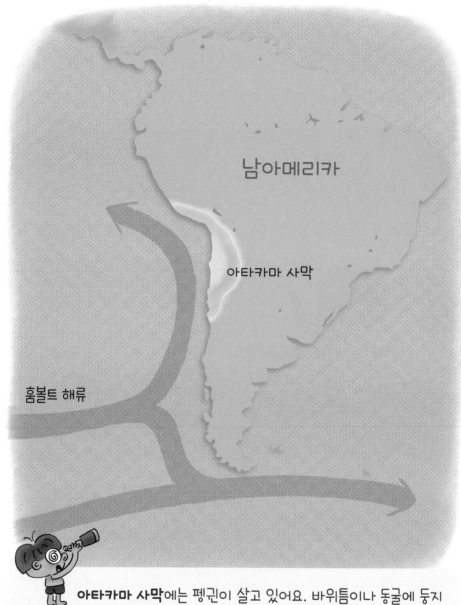

남아메리카

아타카마 사막

훔볼트 해류

아타카마 사막에는 펭귄이 살고 있어요. 바위틈이나 동굴에 둥지를 틀고 사는 훔볼트 펭귄이지요. 남극에서 사는 펭귄이 사막에 산다니 참으로 이상하지요? 훔볼트라는 이름에서 알 수 있듯이 먼 옛날, 남극에서 적도로 흐르는 훔볼트 해류를 타고 왔을 것으로 짐작한답니다.

사람과 문명을 이동시킨 해류

지구가 자전하면서 생긴 바람은 적도의 뜨거운 열기를 동쪽에서 서쪽으로 보내요. 또 적도를 향해 흐르던 훔볼트 해류는 적도에서 방향을 바꿔 인도네시아 쪽으로 갔다가 인도양을 지나 아프리카로 향해요.

인도네시아의 바자우족은 바다 위에 집을 짓고 살고, 바다를 일터로 삼아요. 이들은 작살을 들고 바다에 뛰어들어 물고기를 잡기도 하고, 카누를 타고 먼바다로 나가기도 해요.

이들이 타는 카누에는 특별한 장치가 있어요. 바로 '아우트리거'예요. 아우트리거는 파도나 바람에 배가 쉽게 뒤집히지 않도록 카누 양옆에 다는 장치예요. 덕분에 먼바다로 나가 사냥할 수 있지요.

인도네시아에서 서쪽으로 가면 아프리카가 있어요. 이곳의 남동쪽에는 세계에서 네 번째로 큰 섬인 마다가스카르가 있어요. 이 섬에는 베조족이 사는데, 외모가 아프리카 사람보다는 동남아시아 사람을 닮았어요. 옥수숫가루를 주식으로 하는 아프리카 사람들과는 달리, 아시아 사람들처럼 쌀을 먹지요. 베조족도 카누를 타요. 바자우족의 카누처럼 아우트리거가 있어요.

여러모로 바자우족과 베조족은 닮았어요. 이 두 부족이 같은 뿌리를 갖고 있음을 짐작할 수 있지요. 카누에 아우트리거를 달고 먼바다로 나가는 게 더는 두렵지 않게 된 바자우족이 카누에 악기와 농사에 쓸 씨앗 등을 싣고 해류를 타고 인도양을 건넌 것으로 추측하기도 해요.

이렇듯 지구의 기울기에서 비롯된 바람과 해류는 동물뿐 아니라 사람도 더 멀리 갈 수 있게 했어요.

이 부근에서 따뜻한
바닷물이 방향을
바꿔서 영국 쪽으로 가요.

위도가 높아도 해류 때문에 따뜻해

육지와 만나는 해수면은 땅의 모양에 따라
울퉁불퉁해요. 언덕처럼 높거나 움푹 파인 땅 때문에 해류가 달라지기도
하지요. 바닷물을 이리저리 굽이쳐 흐르게 하고 거대한 소용돌이를 일으
키기도 해요. 이렇게 해류는 각각의 대양을 빙글빙글 돌면서 지구의 환경
에 영향을 미쳐요.

영국은 한국보다 북쪽에 있어요. 한반도 북쪽의 끝보다 8,000km나 더
위에 있지요. 영국의 위도는 50~60°라서 위도가 38°인 우리나라보다 훨

씬 추워야 하지만, 겨울에도 기온이 영하로 내려가지 않아요. 영국 주위로 멕시코 난류가 흐르고, 편서풍의 영향으로 온도 변화가 적고 습도가 높기 때문이에요.

　같은 위도에 있는 캐나다 해안의 바닷물 온도는 10℃ 가까이 낮아요. 일반적인 해류의 흐름이라면 영국도 한류의 영향을 받아야 해요. 하지만 플로리다 부근에서 유럽을 향해 흐르는 따뜻한 바닷물이 바다와 육지가 만나는 곳, 즉 언덕처럼 높은 해저에서 방향을 바꾸게 되지요. 이로써 해안에 난류가 흘러 영국은 같은 위도의 다른 곳보다 훨씬 따뜻하답니다.

지구의 기울기가 만들어 낸 나비 효과

지구는 태양계에서 유일하게 표면에 물을 가지고 있는 행성이에요. 주성분이 기체로 되어 있는 목성은 물론이고 수성, 금성, 화성, 토성 등의 다른 행성에도 바다가 없어요.

태양에서 지구로 전달된 태양열 중 90%는 바다로 모여요. 그렇다면 바닷물이 엄청 뜨거워야 할 텐데, 한여름에 바닷가에 놀러 가면 모래밭은 뜨거워도 바닷물은 시원하지요.

그 이유는 해수면에서 물이 증발해 수증기가 될 때, 열도 함께 날아가기 때문이에요. 수증기가 하늘로 올라가면서 찬 공기를 만나면 아주 작은 물방울이 돼요. 그 물방울이 모여 구름이 되지요. 이러한 과정이 끊임없이 일어나면서 바다가 품었던 열기가 대기로 이동하는 거예요.

또 바다는 지구를 둘러싼 대기, 즉 공기에 비해 쉽게 따뜻해지지 않아요. 대기가 1℃ 오를 때 바닷물이 1℃ 오르려면 1,000배나 더 많은 열이 필요하기 때문이지요.

장소에 관계없이 변하지 않는 물체의 양을 질량이라고 해요. 바다의 질량은 대기보다 250배 정도 더 많지요. 공기 1g의 온도를 1℃ 올리는 데 드는 에너지와 물 1g의 온도를 1℃ 올리는 데 드는 에너지의 차이가 4배가 되므로 1,000배가 되는 거예요. 바닷물은 열을 흡수하기는 해도 쉽게 온도가 올라가지 않아서 지구의 기후를 안정시켜요. 그동안 지구에 나타난

물의 질량이 공기보다 250배나 더 무겁고, 물의 온도를 올리는 데 공기의 온도를 올리는 것보다 4배의 에너지가 필요하므로

250 × 불꽃 4개 = 1,000

모든 날씨가 반복될 뿐 이상하고도 끔찍한 기상 이변이 일어나지 않게 하는 거예요.

바다는 지구 온난화를 일으키는 이산화탄소도 90%나 흡수해요. 덕분에 급격한 온도 변화를 막을 수 있지요. 하지만 현재 너무나 빠른 속도로 많은 양의 이탄화탄소가 배출되면서 조금씩 바다의 온도가 올라가고 있어요.

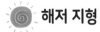 **해저 지형**

대륙붕
육지에서 바닷속으로 얕게 기울어져 잠긴 땅.

해산
바닷속에 있는 꼭대기가 평평한 산.

대륙 사면
대륙붕에서 깊이가 약 3,000m까지 갑자기 깊어지는 부분.

육지

화산섬

해구
지구의 땅속 움직임으로 생긴 깊은 계곡.

58

해령
4,000~6,000m 깊이의 바다 밑에 여러 산이 길게 이어진 산맥 같은 부분.

육지

대륙 사면

대륙붕

해저 평원
3,000~6,000m 깊이의 평평한 바닷속 땅.

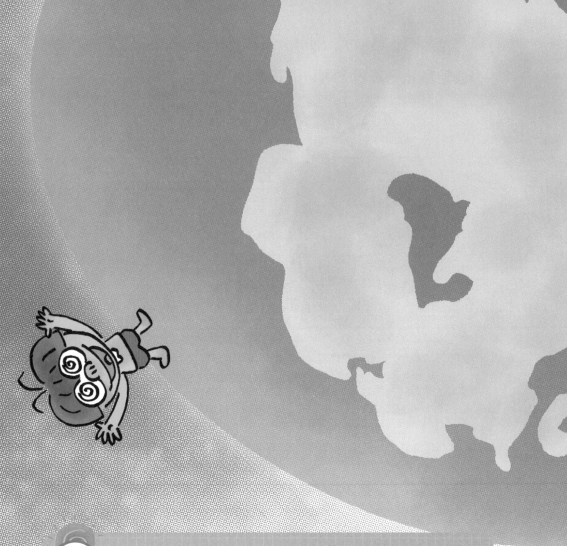

04 지구의 기울기, 지구를 들썩이게 하다

    비행기를 타고 오랜 시간 바다 위를 날아가야만 도착할 수 있었던 곳들이 예전에는 하나의 덩어리로 된 땅이었대요. 아메리카와 유럽 사이에 있는 대서양, 아시아와 아메리카 사이에 있는 태평양은 하나로 된 바다였고요. 도대체 무슨 일이 있었길래 땅과 바다가 퍼즐처럼 조각난 걸까요?

사람들을 비웃게 한 베게너의 폭탄선언

독일의 지구 물리학자인 알프레트 베게너는 강의를 하던 중에 한 가지 놀랄 만한 사실을 발표했어요. 지구의 표면을 덮고 있는 대륙이 과거에는 하나로 붙어 있었다는 주장이었어요. 그런 까닭에 바다 또한 하나였다고 주장했지요. 그는 이것을 모든 땅이라는 뜻의 '판게아', 모든 바다라는 뜻의 '판탈라사'라고 이름 붙였어요.

베게너는 '대서양을 사이에 둔 아프리카와 남아메리카가 원래 하나가 아니었을까?' 하는 생각을 했어요. 하지만 당시 동료 과학자들은 베게너를 비웃었지요.

그러던 차에 아프리카에서 발견된 것과 비슷한 화석이 브라질에서 발견됐다는 소식이 들려왔어요. 그러나 이 역시 사람들을 확실하게 설득할 만한 증거가 되지 못했어요. 그는 더 많은 증거를 찾기 위해 그린란드를 세 차례 탐험했어요. 안타깝게도 마지막 탐험 때 조난당해 행방불명됐답니다.

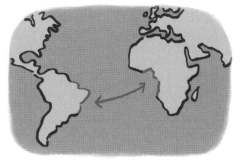

해안선의 모양

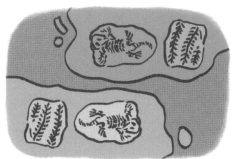

같은 고생물 화석 발견

빙하의 흔적

열대 우림의 석탄층

베게너의 증거들

❶ 아프리카 서해안과 남아메리카 동해안의 해안선 모양이 닮았어요.

❷ 오스트레일리아, 남아메리카, 남아프리카, 남극 대륙 등 서로 멀리 떨어진 대륙에서 글로소프테리스, 리스트로사우루스 등의 같은 고생물 화석이 발견됐어요.

❸ 열대나 온대 지역인 인도, 오스트레일리아, 남아메리카, 아프리카 대륙에서 빙하의 흔적이 발견됐어요.

❹ 남극 대륙에서 열대 지역에서나 발견되는 석탄층이 발견됐어요.

하나의 땅은 여섯 개의 대륙으로, 하나의 바다는 다섯 개의 바다로

베게너의 주장은 더는 터무니없는 소리가 아니에요. 그의 주장은 지구의 표면은 딱딱하고 깨지기 쉬운 여러 개의 판으로 이루어져 있고, 판들이 이동하면서 지진이나 화산 같은 현상이 일어난다는 '판 구조론'으로 발전했지요.

판게아는 북쪽에 로라시아 대륙과 남쪽에 곤드와나 대륙으로 이어져 있었어요. 로라시아는 현재의 유럽, 북아메리카, 그린란드, 아시아가 한 덩어리였고, 곤드와나는 남아메리카, 아프리카, 마다가스카르, 인도, 오스트레일리아 그리고 남극이 한 덩어리였다는 거지요.

판게아는 지구 내부에서 작용하는 힘에 의해 매년 수 센티미터씩 움직여 아시아, 유럽, 아프리카, 북아메리카, 남아메리카, 오세아니아, 남극 대륙으로 쪼개졌어요. 각각의 대륙을 흐르는 바다는 크게 다섯 개로 나뉘어 태평양, 대서양, 인도양, 남극해, 북극해라는 이름이 붙었어요.

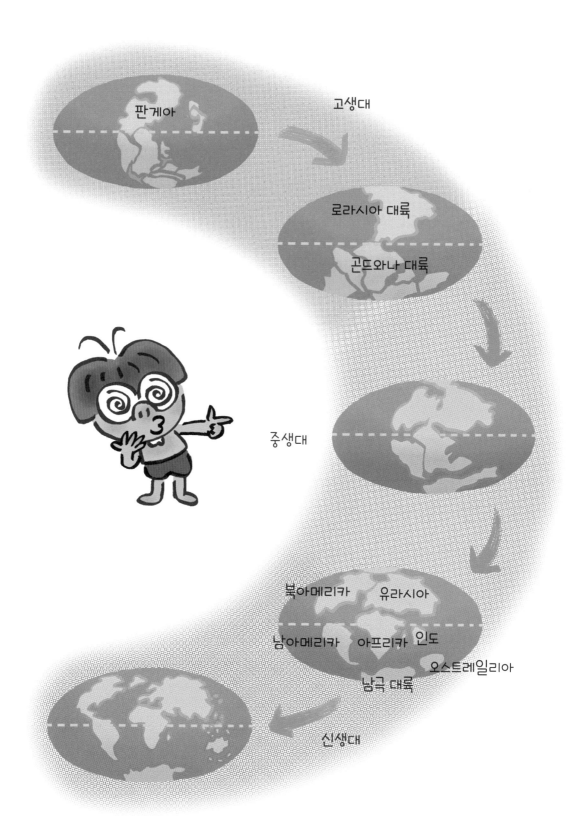

판게아

고생대

로라시아 대륙

곤드와나 대륙

중생대

북아메리카   유라시아

남아메리카   아프리카   인도

오스트레일리아

남극 대륙

신생대

지구는 왜 평평하지 않고 울퉁불퉁할까?

대륙은 일곱 개지만, 지각판은 대륙판과 해양판을 합쳐 열다섯 개예요. 유라시아판, 인도판, 아라비아판, 아프리카판, 남극판, 호주판, 필리핀판, 태평양판, 코코스판, 북미판, 후안데푸카판, 카리브해판, 남미판, 나스카판, 스코티아판이 그것이지요.

이 지각판들은 가만히 있지 않고 조금씩 움직이면서 여러 가지 변화를 일으켜요. 지각판의 움직임은 크게 세 가지로 볼 수 있어요.

하나는 서로 구분되는 두 개의 판이 서로 반대 방향으로 멀어지는 거예요. 판과 판이 멀어지면서 틈이 생기는데, 이 틈을 따라 맨틀로부터 마그마가 올라와요. 바닷물 때문에 마그마가 식으면서 빈틈을 채워 새로운 바닷속 땅이 생겨요. 해양 지각이 새로 만들어지는 거예요. 이렇게 두 개의 판이 멀어지면 그 사이에 있던 바다는 점점 넓어진답니다.

다른 하나는 두 개의 판이 서로를 향해 이동하다가 부딪히는 거예요. 이 지각판의 움직임은 부딪히는 판의 종류(해양판-대륙판, 해양판-해양판, 대륙판-대륙판)에 따라 달라져요.

해양판과 대륙판이 서로 충돌하는 경우에는 해양판이 대륙판 아래로 말려 들어가게 돼요. 그러면 바다 밑바닥에 좁고 긴 도랑 모양으로 움푹 들어간 해구가 발달해요. 또 해양판이 깊이 들어가면서 온도가 올라가 마그마가 만들어지는데, 이것이 땅 위로 솟으면서 화산 활동과 지진이 일어나지요.

해양판과 해양판이 부딪치는 경우, 더 오래된 해양판이 다른 해양판 밑으로 들어가게 돼요. 이때도 마그마가 만들어지는데, 바닷속에서 화산 분출이 일어나 화산섬들이 나란히 생기기도 한답니다.

대륙판과 대륙판이 충돌하는 경우, 거대한 산맥이 만들어져요. 화산 활동은 없지만, 지진이 일어나지요.

또 다른 움직임은 두 판이 미끄러지면서 어긋나는 거예요. 두 판이 반대 방향으로 어긋나므로 지진만 일어나요. 태평양판이 북서쪽으로 일 년에 5cm 정도의 속도로 움직이며 북아메리카판과 서로 스쳐 지나가고 있어요.

두 개의 판이 부딪히면
화산, 지진이 일어나거나
바다가 사라지고 크고 높은 산이 생겨요.

두 개의 판이 미끄러지면서
어긋나면 지진이 일어나요.

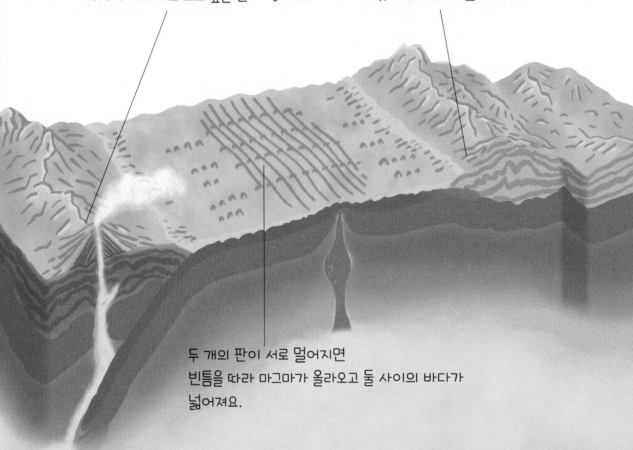

두 개의 판이 서로 멀어지면
빈틈을 따라 마그마가 올라오고 둘 사이의 바다가
넓어져요.

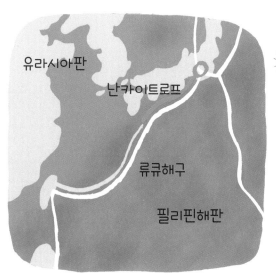

⊙ 해양판과 대륙판의 충돌

바닷속 땅인 필리핀판이 육지인 유라시아판 아래로 말려 들어가서 해구가 생기고 지진과 화산 활동이 잦아요.

⊙ 해양판과 해양판의 충돌

더 오래된 해양판이 다른 해양판 아래로 들어가요. 바다 밑바닥에 좁고 길게 움푹 들어가는 해구가 생겨요.

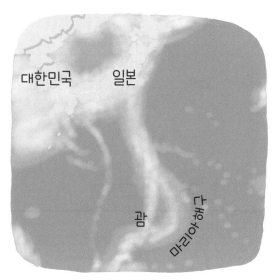

⊙ 대륙판과 대륙판의 충돌

인도-호주판과 유라시아판이 부딪혀서 히말라야산맥이 이루어졌어요.

서로 다른 방향과 속도로 움직이는 지구

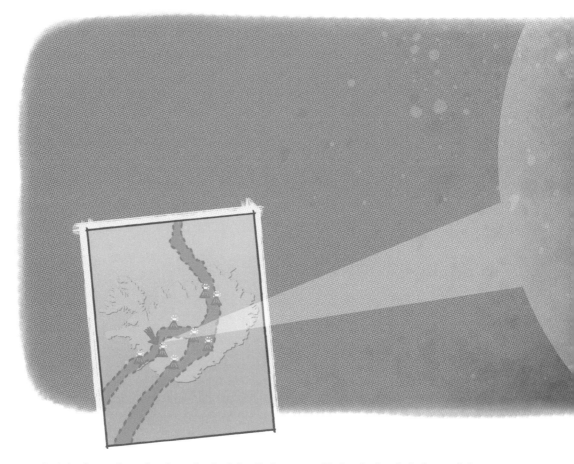

아이슬란드 실프라 열구의 바닷속에서는 두 개의 판이 멀어지는 것을 눈으로 확인할 수 있어요. 유라시아 대륙과 북아메리카 대륙이 만났다가 서서히 멀어지면서 10년에 한 번꼴로 지진이 일어나지요. 현재는 잠수부 한 명이 지나갈 정도로 틈이 벌어져 있고, 양팔을 살짝만 벌리면 양쪽 대륙을 동시에 만질 수도 있어요. 아이슬란드 섬 아래에 화산이 있어서 용암이 분출되는 힘으로 매년 2cm씩 멀어지고 있어요.

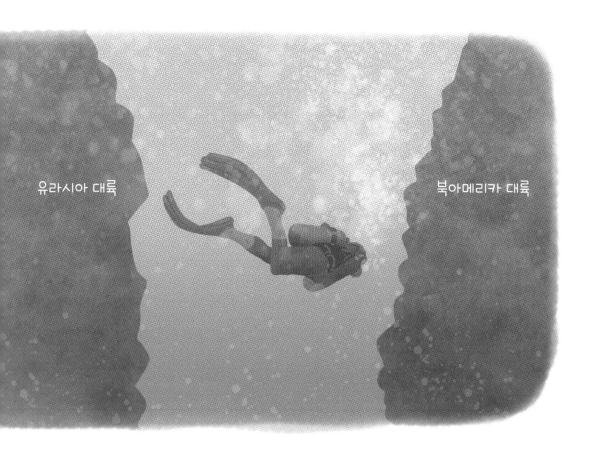

유라시아 대륙

북아메리카 대륙

　활 모양으로 파키스탄과 인도·네팔·시킴·부탄·티베트에 걸쳐 있는 히말
라야는 인도 대륙과 아시아 대륙이 만나서 생긴 산줄기예요. 인도 대륙이
유라시아판 밑으로 파고들면서 바다였던 곳이 솟아올랐고, 높은 산들이
생겼어요. 히말라야산맥에는 해발 8,000m에 이르는 높은 봉우리들이 많
아요. 그중 '히말라야 14좌'라 불리는 열네 개의 봉우리는 많은 사람이 죽
음을 무릅쓰고 도전하는 곳으로 유명해요.

산소가 부족하고 몹시 메마른 땅에서도 사람이 살까?

해발 2,000m 이상의 높고 험준한 산들이 있는 곳을 '고산 지대'라고 해요. 이곳에도 사람이 살아요.

'차르카보트'는 히말라야에서 가장 높은 마을이에요. 해발 4,320m에 이르지요. 이곳 사람들은 매년 겨울이면 가축에 온갖 짐을 싣고 산 아래로 내려가요. 겨울이 오면 무척 추워서 6개월 동안 물이 꽁꽁 얼고, 세수조차 할 수 없기 때문이지요.

봄이 되어 다시 마을로 돌아온 사람들은 그제야 첫 세수를 해요. 눈이 녹은 물로 보리농사를 지어요. 물이 풍족하지 않기 때문에 주사위를 던져 밭에 물을 대는 순서를 정해요. 보리는 추위에 강한 농작물이지만, 해가 비치는 5개월 동안 부지런히 농사를 지어야 해요.

추수가 끝나면 주사위로 순서를 정해 결혼식을 올려요. 나무가 자라지 않기 때문에 땔감으로 쓸 야크 똥도 모아야 해요. 야크뿐만 아니라 염소, 양도 길러요. 이 동물들은 추위를 잘 견디고 풀을 잘 찾기 때문에 차르카보트 사람들은 많은 수고를 들이지 않아도 고기와 젖을 얻을 수 있답니다.

차르카보트

600여 개의 화산이 모여 있는 곳

남아메리카의 안데스산맥은 그 길이가 7,000km로 세계에서 가장 긴 산맥이에요. 2,500km의 히말라야산맥과 비교하면 세 배 가까이 더 길답니다. 안데스산맥은 베네수엘라·콜롬비아·에콰도르·페루·볼리비아·칠레·아르헨티나에 걸쳐 있지요. 해발 고도가 6,100m 이상인 높은 산이 50여 개나 모여 있어요.

6,000m 이상의 산에 둘러싸여 있는 볼리비아의 알티플라노고원은 해양판이 대륙판 밑으로 들어가면서 화산 활동이 일어났어요. 그 결과로 600여 개나 되는 많은 화산이 생겼어요.

과거의 화산 활동으로 티티카카, 포오포, 우유니, 코이파사 호수가 생겼어요. 이들 호수에는 먹이가 풍부해서 홍학이 모여 살아요. 이곳의 원주민인 치파야족은 조상으로부터 배운 돌팔매로 홍학을 사냥한답니다.

볼리비아

안데스산맥

05 지구의 기울기 23.5°의 기적

계절의 변화와 생명의 탄생은 너무나 당연하게 여겨지지만, 사실은 큰 행운이에요. 태양계의 많은 행성 중 지구에서만 벌어지는 일이기 때문이지요. 그것은 23.5°의 절묘한 기울기 덕분이에요. 만일 지구가 기울어져 있지 않았다면, 또는 지구가 조금 더 크게 기울어졌다면 어떤 일이 벌어졌을까요?

4만 년마다 지구의 기울기가 변하는 이유

지각판이 흔들리면 지진이 일어나고 이곳저곳에서 화산 폭발이 일어나요. 지구에서는 왜 이런 일이 일어나는 걸까요? 그 원인은 지구의 내부에 있어요.

지구의 겉면은 육지와 바다로 되어 있지만, 지구의 내부는 맨틀, 외핵, 내핵으로 되어 있어요. 발밑을 600km 이상 파면 젤리 같은 상태인 맨틀이 나타나고, 맨틀을 지나 2,900km 이상 내려가면 액체 상태인, 철과 니켈로 된 외핵이 있어요. 그리고 5,100km에서 지구의 중심까지는 단단한 고체로 이루어진 내핵이 있지요.

맨틀은 고체가 아닌 젤리의 형태여서 움직여요. 이를 '맨틀의 대류 현상'이라고 해요. 액체나 기체가 가열되면 위로 올라갔다가 아래로 내려오기를 되풀이하는 현상이에요.

지구가 탄생했을 때 뜨거웠던 지구가 표면부터 식어 가면서 내부에 갇힌 열이 위아래로 움직이는 것이지요. 지구는 내부로 갈수록 온도가 높아요.

맨틀의 대류 현상, 즉 맨틀의 움직임 때문에 하나로 연결되어 있던 대륙이 나뉘어 떨어지게 됐어요. 지금도 맨틀의 움직임은 계속되고 있어요. 이로써 일어나는 지각판의 충돌은 지구의 자전축을 미세하게 흔들어 놓고 있답니다.

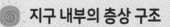 지구 내부의 층상 구조

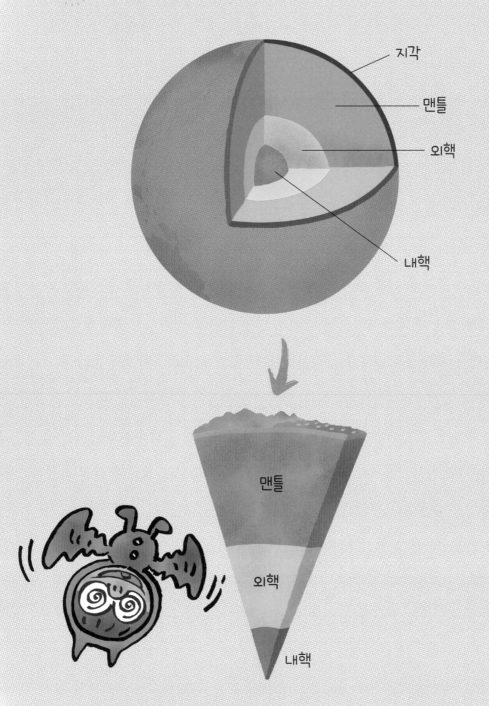

자전축을 바꿔 놓는 지구의 깊은 호흡

지각판의 움직임은 지금도 계속되고 있어요. 지구 곳곳에서 일어나는 지진과 화산 활동이 그 증거이지요.

2011년 3월 11일, 일본 동쪽 해안에 규모 9.0의 지진이 일어났어요. 지진의 여파로 들이닥친 거대한 쓰나미는 제트기 같은 속도로 후쿠시마 제1원전을 덮쳤어요. 이 때문에 수소 폭발과 방사능 유출 사고가 일어났어요. 당시 이 사고로 죽거나 다친 사람이 2만여 명이나 돼요. 고향으로 돌아가지 못한 사람은 17만여 명이나 되고요.

이탈리아의 국립 지구 물리학·화산학 연구소는 이때 일어난 지진으로 지구의 자전축이 10cm 이동했을 가능성이 있다고 했어요. 그 결과 지구의 자전 속도가 1.6µS(마이크로초) 빨라졌대요. 1µS는 100만분의 1초예요.

이보다 앞선 2004년, 규모 9.1의 인도네시아 수마트라 대지진 때는 자전축이 6.8cm 움직였어요. 이로써 자전 속도가 하루에 6.8µS 빨라졌다고 해요. 2010년 2월 27일에는 칠레에서 규모 8.8의 지진이 발생했는데, 자전축이 7.62cm 움직여 자전 속도가 1.26µS 빨라졌다고 해요.

다행히도 아직까지 우리는 그 차이를 잘 모르고 살아요. 왜냐면 달이 지구가 크게 기울지 않도록 단단히 붙잡고 있기 때문이지요.

기울기를 단단히 고정시키는 달

멀고 먼 옛날 우주에서 커다란 폭발이 일어났어요. 그때 생긴 먼지 입자와 가스로 된 구름이 뭉치고 부딪히면서 서서히 덩어리가 됐어요. 암석과 금속 성분으로 이루어진 덩어리들은 서로 끌어당기는 힘으로 점점 더 커졌어요. 이렇게 미행성들이 생겨났고, 각기 주위의 물체를 끌어당기는 중력으로 더 많은 물질이 끌려 들어왔어요. 이로써 지구가 탄생했지요.

지구는 약 45억 년 전에 소행성과 충돌해 23.5°로 기울었어요. 그때 떨어져 나간 물질이 토성의 고리처럼 지구의 테두리를 돌다가 뭉쳐져서 달이 됐어요. 달은 밤이 된 지구를 환하게 밝혀 줘요. 태양과 함께 지구를 끌어당겨 밀물과 썰물을 만들고, 지구의 기울기가 유지되도록 하지요.

혼자의 힘으로만 제자리에서 돈다면 얼마 못 가 휘청거릴 거예요. 어떤 물체가 빙빙 돌 때 중심에서 바깥쪽으로 향하려는 힘이 생기기 때문이에요. 이것을 '원심력'이라고 해요. 원심력 때문에 원래의 위치에서 벗어나는 것이지요.

만약 지구가 스스로의 힘으로만 돈다면, 지구는 23.5°보다 더 큰 각도로 돌 수 있어요. 달이 생기기 전 지구의 자전 시간은 8시간이었다고 해요. 현재 자전축을 따라 한 바퀴 도는 데 약 24시간이 걸리므로 그때는 지금보다 매우 빠른 속도로 자전했음을 알 수 있어요. 따라서 이때는 기울기가 크지 않았을 거예요.

팽이를 돌려 보면, 지구가 자전하는 속도와 지구의 기울기를 짐작할 수 있어요. 팽이가 빠른 속도로 돌 때는 흔들림이 거의 없어요. 반대로 팽이의 속도가 느려질 때는 그 흔들림이 크지요. 흔들림이 클 때 팽이의 중심 부분은 가운데에 있지 않고, 기울어져 있답니다.

자전축의 기울기
회전축
북극
세로선
가로선
남극
적도

　친구와 손을 잡고 돌아 보세요. 원심력이 생겨 몸이 자꾸만 바깥쪽으로 향하려고 해요. 이때 서로 손을 잡고 있기 때문에 안정적으로 오래 돌 수 있지요.

　마찬가지로 지구와 달 사이에는 보이지 않는 힘이 있어요. 그것을 '만유인력' 또는 '인력'이라고 해요. 지구와 달 사이에 있는 인력 때문에 지구가 21.5°에서 24.5° 사이를 왔다 갔다 하며 기울기를 유지할 수 있는 거랍니다.

만일 지구의 기울기가 더 크다면?

지구의 기울기가 지금보다 더 크거나 작았다면 날씨도 달랐을 거예요. 만약 지구의 기울기가 10°가 된다면, 적도는 태양열을 더 오래 받아서 더욱 뜨거워지고, 반대로 태양열을 덜 받은 극지방은 더 추워질 거예요. 얼음으로 뒤덮인 남극과 북극은 지금보다 훨씬 넓을 테지요.

만약 지구의 기울기가 60°가 된다면, 적도는 태양열을 적게 받아 극지방보다 더 적은 양의 태양열을 받게 돼요. 그러면 적도에 빙하가 있고, 바다에는 얼음이 둥둥 떠다닐 거예요. 극지방과 적도 사이에 있는 중위도에서는 봄과 가을이 없어지고 여름과 겨울만 있을 거예요. 그것도 아주 덥고 긴 여름, 몹시도 춥고 긴 겨울일 거예요.

만약 지구가 기울어져 있지 않다면, 지구 어느 곳이든 밤과 낮의 길이는 12시간으로 똑같을 거예요. 지구가 둥글어서 태양 빛을 받는 면적과 빛을 받지 못하는 면적이 같을 테니까요. 밤과 낮의 길이가 같다면, 계절의 변화도 없겠지요. 태양열을 받는 시간과 각도 때문에 적도 지역은 더 뜨겁고, 북극과 남극은 더 추울 거예요.

이런 지구에서 인간이 태어났다면, 인간은 일찌감치 사라지고 말았을 거예요. 인류를 포함한 모든 생명체에게는 살아가기에 알맞은 기후가 필요하니까요.

지구는 내 친구

다행히도 달은 지구 옆에서 지구의 기울기를 유지하게 해 줘요. 그 기울기로 지구는 갖가지 계절을 만들어 내지요. 봄·여름·가을·겨울, 비가 무지 쏟아지는 우기와 해가 내리쬐고 먼지만 풀풀 날리는 건기. 그리고 공기에

열을 전달하는 따뜻한 바다와 공기로부터 열을 빼앗는 차가운 바다까지.

이뿐만이 아니에요. 지진이 나고 화산이 폭발하기도 하며, 바다에서 허리케인·태풍·사이클론이 일어나 땅 위의 모든 것을 적시고 무너뜨리기도 해요. 그러는 사이 인간이 미처 발견하지 못한 새로운 땅이 불쑥 솟아오르거나 깊은 바닷속에 해양 지각을 만들어내기도 하지요. 언제나 그랬듯 지구는 다시 잠잠해지고 지구의 생명체는 툭툭 털고 일어나 자신의 삶을 살아가요.

23.5°는 지구가 기울었음을 나타내는 단순한 숫자만이 아니에요. 지구의 기울기는 생명체가 살아갈 낮과 밤, 그리고 계절을 선사하지요. 바람을 일으키고, 지구 전체의 97.4%를 차지하는 바닷물을 흐르게 합니다.

인간은 23.5°가 펼치는 마법 속에서 지구의 비밀을 파헤치려 했고, 문명을 탄생시켰으며, 저마다 다른 문화와 언어를 가지게 됐어요. 그리고 바람과 해류에 운명을 맡긴 채 흥미진진한 모험을 떠나곤 했답니다.

참으로 신기하지요? 그저 지구가 23.5도 기울었을 뿐인데, 이 모든 일이 일어나다니 말이에요. 마법도 부리고 심술도 부리는 지구, 참으로 재미있는 친구예요.

퀴즈와
단어 풀이

지구의 기울기 관련 상식 퀴즈
지구의 기울기 관련 단어 풀이

지구의 기울기 관련 상식 퀴즈

01. 그리스 식민지였던 마살리아에는 _____이라는 커다란 기둥을 해시계로 사용했어요.

02. 지구의 기울기는 23.44°로 늘 고정되어 있어요. (○, ×)

03. 지구가 둥글다고 주장한 그리스의 지리학자의 이름은 _____예요.

04. 극지방에서 하지 때 해가 저물지 않는 현상을 '극야'라고 해요. (○, ×)

05. 피테아스는 최초로 _____를 측정했어요.

06. 태양-지구-달이 나란히 늘어섰을 때, 지구의 그림자에 달이 가려지는 현상을 월식이라고 해요. (○, ×)

07. 고대 이집트인들은 _____의 움직임을 자세히 살펴 달력을 만들었어요.

08. 이집트에는 아케트, 페레트, 셰무, 메타 등 네 개의 계절이 있어요. (○, ×)

09. 지구는 자전축을 중심으로 혼자 자전하는 동시에 태양을 중심으로 도는 _____을 해요.

10. 만약 지구가 기울어지지 않은 채로 공전한다면, 계절에 변화가 급격히 일어나요. (○, ×)

11. 위도마다 계절이 다른 이유는 바로 지구가 둥글기 때문이에요. (○, ×)

12. 남극이 여름일 때, 북극의 계절은 _____이에요.

13. 백야와 극야 현상은 북극과 남극에서만 볼 수 있어요. (○, ×)

14. 적도의 위도는 _____°예요.

15. 바람은 지구를 돌며 바닷물을 일정한 방향과 속도로 움직이게 해요. 이러한 바닷물의 흐름을 ＿＿＿＿＿＿＿라고 해요.

16. 남극에서 시작해서 페루 해안을 거쳐 적도 방향으로 흐르는 해류를 ＿＿＿＿＿＿＿해류라고 해요.

17. 독일의 물리학자인 알프레트 베게너는 과거에 대륙이 하나로 붙어 있었다고 주장했어요. (○, ×)

18. 열다섯 개의 지각판은 미동도 없이 그대로 고정되어 있어요. (○, ×)

19. 지구의 내부는 ＿＿＿＿＿, ＿＿＿＿＿, ＿＿＿＿＿으로 되어 있어요.

20. 지구와 달 사이에 서로를 끌어당기는 보이지 않는 힘을 ＿＿＿＿＿이라고 해요.

21. 달은 지구가 기울기를 유지하게 해 줘요. (○, ×)

22. 만약 지구가 기울어져 있지 않다면, 지구 어느 곳이든 밤과 낮의 길이는 12시간으로 똑같을 거예요. (○, ×)

23. 적도에는 항상 여름만 있는 게 아니라, ＿＿＿＿＿와 우기가 있어요.

24. 훔볼트 해류가 지나가는 페루의 해안선에는 ＿＿＿＿＿이 있어요.

25. 인도네시아의 바자우족은 해안가에 집을 짓고 살아요. (○, ×)

26. 배조족은 바자우족처럼 아우트리거가 달린 카누를 타요. (○, ×)

27. 대기가 1℃ 오를 때 바닷물이 1℃ 오르려면 ＿＿＿＿＿배나 더 많은 열이 있어야 해요.

정답
01 그노몬　　02 ×　　03 피테아스　　04 ×　　05 위도　　06 ○　　07 태양　　08 ×
09 공전　　10 ×　　11 ○　　12 겨울　　13 ×　　14 0　　15 해류　　16 훔볼트　　17 ○
18 ×　　19 맨틀, 외핵, 내핵　　20 만유인력(인력)　　21 ○　　22 ○　　23 건기
24 아타카마 사막　　25 ×　　26 ○　　27 1,000

지구의 기울기 관련 단어 풀이

공전 : 지구가 태양의 둘레를 돌 듯이 한 천체가 다른 천체의 둘레를 일정하게 도는 일.

극지방 : 알래스카, 북극, 남극 주변의 지역.

기온 : 지면으로부터 1.5m 정도 떨어진 공기의 온도.

내핵 : 지구 안쪽 약 5,100km 깊이에 있는 단단한 고체로 이루어진 부분.

대륙판 : 지구 표면을 구성하는 판 중에서 육지에 분포하는 것.

동지 : 일 년 중 밤이 가장 길고 낮이 가장 짧은 날.

맨틀 : 지구 안쪽 약 699km 깊이에 있는 젤리 형태로 이루어진 부분.

무역풍 : 위도 0°~30° 사이의 저위도 지방에서 일정한 방향으로 일 년 내내 부는 바람.

미행성 : 우주 먼지와 기체가 뭉쳐진 작은 덩어리.

범람 : 큰물이 흘러 넘치는 현상.

상승 : 낮은 데서 위로 올라가는 것.

수압 : 물의 무게로 생긴 압력. 물의 깊이에 따라 다르다.

수위 : 강이나 바다, 호수, 저수지 등의 물 높이.

식민지 : 다른 나라에 지배되어 국가로서 힘을 잃은 지역 또는 나라.

오벨리스크 : 고대 이집트에서 태양을 숭배하기 위해 세운 기념 비석.

외핵 : 지구 안쪽 약 2,900km 깊이에 위치한 액체 상태의 부분.

월식 : 달이 지구의 그림자에 가려지는 현상. 일부가 가려지는 부분 월식과 전체가 완전히 가려지는 개기 월식이 있다.

위도 : 적도에서부터 남극과 북극까지의 거리를 일정하게 나누어 숫자로 표시한 선.

이상 기후 : 지구의 온난화 등으로 홍수, 가뭄, 폭설, 한파 등이 비정상적으로 나타나는 현상.

인력 : 떨어져 있는 물체끼리 서로 잡아당기는 힘.

일식 : 달이 태양을 가리는 현상. 일부가 가려지는 부분 일식과 전체가 완전히 가려지는 개기 일식이 있다.

자전 : 천체가 고정된 축을 중심으로 스스로 도는 것 또는 그런 운동.

적도 : 위도가 0°이자 지구의 중심을 지나는 선. 지구 표면을 북반구와 남반구로 나누는 기준이 된다.

지각판 : 지구 표면을 둘러싸는 암석 판.

지평선 : 땅끝이 하늘과 맞닿아 보이는 선.

추분 : 춘분과 같이 하루의 낮과 밤의 길이가 같아지는 날.

편서풍 : 위도 30~65° 사이의 중위도 지방에서 일 년 내내 서쪽에서 동쪽으로 부는 바람.

하지 : 일 년 중 태양이 가장 높이 뜨고 낮이 제일 긴 날.

해발 : 해수면에서부터 육지나 산의 높이를 잰 것.

해수면 : 바닷물의 가장 바깥쪽.

회귀선 : 적도를 중심으로 남북 23° 27'를 지나는 선. 북쪽을 북회귀선, 남쪽을 남회귀선이라고 한다.